강아지풀

박용래 시선

강아지풀

오늘의 시인 총서 1

민음사

차례

제1부 싸락눈

눈	11
겨울밤	12
雪夜	13
땅	14
가을의 노래	15
황톳길	17
코스모스	19
엉겅퀴	21
뜨락	22
울타리 밖	23
잡목림	24
秋日	26
고향	27
엽서	28
가학리	29
散見	30
모과차	31
봄	32
옛 사람들	33
某日	34
고추잠자리	35
저녁 눈	36
三冬	37

차례

水中花 — 38

제2부 낙차

그 봄비 — 41
강아지풀 — 42
들판 — 43
소감 — 44
손거울 — 45
담장 — 46
울안 — 47
능선 — 48
空山 — 49
공주에서 — 50
낮달 — 52
먼 곳 — 53
下棺 — 54
古都 — 55
낙차 — 56
자화상 1 — 57
창포 — 58
댓진 — 59
古月 — 60
千의 山 — 61
西山 — 62

차례

취락 ——— 63

제3부 겨울 산

귀울림 ——— 67
별리 ——— 68
微吟 ——— 69
샘터 ——— 70
반 잔 ——— 71
시락죽 ——— 72
遮日 ——— 73
불도둑 ——— 74
軟柿 ——— 75
鏡鈴 ——— 77
나부끼네 ——— 79
할매 ——— 80
자화상 2 ——— 81
꽃물 ——— 83
소나기 ——— 84
탁배기 ——— 85
雨中行 ——— 86
솔개 그림자 ——— 87
점묘 ——— 88
경주 민들레 ——— 89
해바라기 斷章 ——— 90

차 례

弦 —————————————————— 92
겨울 산 ————————————————— 93

해설/송재영
동화 혹은 자기 소멸 ——————————— 95
연보 ————————————————— 109

제1부
싸락눈

눈

하늘과 언덕과 나무를 지우랴
눈이 뿌린다
푸른 젊음과 고요한 흥분이 서린
하루하루 낡아가는 것 위에
눈이 뿌린다
스쳐가는 한 점 바람도 없이
송이눈 찬란히 퍼붓는 날은
정말 하늘과 언덕과 나무의
한계는 없다
다만 가난한 마음도 없이 이루어지는
하얀 단층

겨울밤

잠 이루지 못하는 밤 고향집 마늘밭에 눈은 쌓이리.
잠 이루지 못하는 밤 고향집 추녀 밑 달빛은 쌓이리.
발목을 벗고 물을 건너는 먼 마을.
고향집 마당귀 바람은 잠을 자리.

雪夜

눈보라 휘돌아간 밤
얼룩진 벽에
한참이나
맷돌 가는 소리
고산식물처럼
늙으신 어머니가 돌리시던
오리 오리
맷돌 가는 소리

땅

나 하나
나 하나뿐 생각했을 때
멀리 끝까지 달려갔다 무너져 돌아 온다

어슴푸레 등피처럼 흐리는 황혼

나 하나
나 하나만도 아니랬을 때
머리 위에
은하
우러러 항시 나는 엎드려 우는 건가

언제까지나 작별을 아니 생각할 수는 없고
다시 기다리는 위치에선 오늘이 서려
아득히 어긋남을 이어오는 고요한 사랑

헤아릴 수 없는 상처를 지워
찬연히 쏟아지는 빛을 주워 모은다

가을의 노래

깊은 밤 풀벌레 소리와 나뿐이로다
시냇물은 흘러서 바다로 간다
어두움을 저어 시냇물처럼 저렇게 떨며

흐느끼는 풀벌레 소리……
쓸쓸한 마음을 몰고 간다
빗방울처럼 이었는 슬픔의 나라
후원을 돌아가며 잦아지게 운다
오로지 하나의 길 위
뉘가 밤을 절망이라 하였나
말긋 말긋 푸른 별들의 눈짓
풀잎에 바람
살아 있기에
밤이 오고
동이 트고
하루가 오가는 다시 가을밤
외로운 그림자는 서성거린다
찬 이슬밭엔 찬 이슬에 젖고
언덕에 오르면 언덕

허전한 수풀 그늘에 앉는다
그리고 등불을 죽이고 침실에 누워
호젓한 꿈 태양처럼 지닌다
허술한
허술한
풀벌레와 그림자와 가을밤

황톳길

낙엽진 오동나무 밑에서
우러러 보는 비늘 구름
한 권 책도 없이
저무는
황톳길

맨 처음 이 길로 누가 넘어 갔을까
맨 처음 이 길로 누가 넘어 왔을까

쓸쓸한 흥분이 묻혀 있는 길
부서진 봉화대 보이는 길

그날사 미음들레꽃은 피었으리
해바라기 만큼한

푸른 별은 또 미음들레 송이 위에서
꽃등처럼 주렁주렁 돋아 났으리

푸르나 못해 검던 밤 하늘

빗방울처럼 부서지며 꽃등처럼
밝아오던 그 하늘

그날의 그날 별을 본 사람은
얼마나 놀랐으며 부시었으리

사면에 들리는 위엄도 없고
강 언덕 갈댓잎도 흔들리지 않았고
다만 먼 화산 터지는 소리
들리는 것 같아서

귀 대이고 있었으리
땅에 귀 대이고 있었으리

코스모스

곡마단이
걸어간
허전한
자리는
코스모스의
지역

코스모스
먼
알래스카의 햇빛처럼
그렇게
슬픈 언저리를
에워서 가는
위도

참으로
내가
사랑했던 사람의
일생

코스모스
또 영
돌아오지 않는
소녀의
지문

엉겅퀴

잎새를 따 물고 돌아서 잔다
이토록 갈피 없이 흔들리는 옷자락

몇 발자국 안에서 그날
엷은 웃음살마저 번져도

그리운 이 지금은 너무 멀리 있다
어쩌면 오직 너 하나만을 위해

기운 피곤이 보랏빛 홍분이 되어
슬리는 저 능선

함부로 폈다
목놓아 진다

뜨락

모과나무, 구름
소금항아리
삽살개
개비름
주인은 부재
손만이 기다리는 시간
흐르는 그늘
그들은 서로 말을 할 수는 없다
다만 한 가족과 같이 어울려 있다

울타리 밖

머리가 마늘쪽같이 생긴 고향의 소녀와
한여름을 알몸으로 사는 고향의 소년과
같이 낯이 설어도 사랑스러운 들길이 있다

그 길에 아지랑이가 피듯 태양이 타듯
제비가 날듯 길을 따라 물이 흐르듯 그렇게
그렇게

천연히

울타리 밖에도 화초를 심는 마을이 있다
오래오래 殘光이 부신 마을이 있다
밤이면 더 많이 별이 뜨는 마을이 있다

잡목림

낙엽져
비인
잡목림은
허술한

마을
식후 풍경,

사락 사락 싸락눈

비뚤어진, 기둥에 온다

논길 살얼음에 온다

후조가 운다,

낙엽져
벌거숭이
잡목림은

조석으로

쓸쓸한 마을
초가 지붕

秋日

나직한
담
꽈리 부네요

귀에
가득
갈바람 이네요

흩어지는 흩어지는
기적
꽃씨뿐이네요

고향

눌 더러 물어볼까 나는 슬프냐 장닭 꼬리 날리는 하얀 바람 봄 길 여기사 부여, 고향이란다 나는 정말 슬프냐

엽서

들판에
차 오르는
배추
보러 가리

길이
언덕
넘는 것

가다가
단풍

미루나무버섯 따라가리

가학리

바다로 가는 하얀 길
소금 실은 화물자동차가 사람도 싣고
이따금 먼지를 피우며 간다

여기는 당진 송악면 가학리
가차이 아산만이 빛나 보인다
발밑에 싸리꽃은 지천으로 지고

散見

해종일 보리 타는
밀 타는 바람

논귀마다 글썽
개구리 울음

아 숲이 없는 산에 와
뻐꾹새 울음

낙타의 등 기복 이는 구릉
먼 오딧빛 망각

모과차

앞산에 가을 비

뒷산에 가을 비

낯이 설은 마을에

가을 빗소리

이렇다 할 일 없고

기인 긴 밤

모과차 마시면

가을 빗소리

봄

종달새는
빗속에 울고 있었다

각시풀은
우거져 떨고 있었다

송사리떼 열 짓는
징검다리 빨래터

그
길 섶

두고 온
日暮

옛 사람들

비슷 비슷한 이름들이
건들 8월
모 스러진 섬돌,
잿무덤 속에서
장독까지
치커든 댑싸리 속에서
窓紙에서도
한낮에
두세두세 나오는가 옛
사람들

某日

1

쌀 씻는 소리에
눈물 머금는 미명

봉선화야

기껍던 일
그 저런 일

2

들깨 냄새가 나는 울안

골마루 끝에 매미 울음 스몃는가

목을 늘여

먹던 금계랍의 쓴맛

고추잠자리

비잉 비잉 돈다
어릴 때 하늘이

물빛 댑싸리 위에만
뜨던 고추잠자리떼
하늘이

알몸에 고여
빙빙빙 돈다

부질없는 이 오후의 열
늦은 시간이 내의를 적신다

저녁 눈

늦은 저녁때 오는 눈발은 말집 호롱불 밑에 붐비다

늦은 저녁때 오는 눈발은 조랑말 발굽 밑에 붐비다

늦은 저녁때 오는 눈발은 여물 써는 소리에 붐비다

늦은 저녁때 오는 눈발은 변두리 빈터만 다니며 붐비다

三冬

어두컴컴한 부엌에서 새여나는 불빛이여 늦은 저녁
상 치우는 달그락 소리여 비우고 씻는 그릇 소리여
어디선가 가랑잎 지는 소리여 밤이여 설운 잔이여

어두컴컴한 부엌에서 새여나는 아슴한 불빛이여

水中花

바람처럼 앉아 아무 데도 발을 디딜랴 하지 않았다.
더 더 더 좀 크고 싶었던 소망이
 어쩌다 물속에 태어나 한 치 풀꽃으로 자라 머리올처럼 가는 물거품에 뜨다.

제 2부
낙차

그 봄비

오는 봄비는 겨우내 묻혔던 김칫독 자리에 모여 운다

오는 봄비는 헛간에 엮어 단 시래기 줄에 모여 운다

하루를 섬섬히 버들눈처럼 모여 서서 우는 봄비여

모 스러진 돌절구 바닥에도 고여 넘치는 이 비천함이여

강아지풀

남은 아지랑이가 홀홀 타오르는 어느 역 구내 모퉁이 어메는 노오란 아베도 노란 화물에 실려온 나도 사 오요요 강아지풀. 목마른 枕木은 싫어 삐걱삐걱 여닫는 바람 소리 싫어 반딧불 뿌리는 동네로 다시 이사 간다. 다 두고 이슬 단지만 들고 간다. 땅 밑에서 옛 상여 소리 들리어라. 녹물이 든 오요요 강아지풀.

들판

가을, 노적가리 지붕 어스름 밤 가다가 기러기 제 발자국에 놀래 노적가리 시렁에 숨어버렸다 그림자만 기우뚱 하늘로 날아 그때부터 들판에 갈림길이 생겼다

소감

  한 뼘 때기 논밭이라 할 일도 없어, 홍부도 홍얼홍얼 문풍지 바르면 홍부네 문턱은 햇살이 한 말.
  패랭이꽃 몇 송이 아무렇게 따서 문고리 문살에 무늬 놓으면 홍부네 몽당비 햇살이 열 말.

손거울

어머니 젊었을 때
눈썹 그리며 아끼던
달

때까치 사뿐히 배추이랑에
내릴 때——

감 떨어지면
친정집 달 보러 갈꺼나
손거울

담장

오동꽃 우러르면 함부로 노한 일 뉘우쳐진다.
잊었던 무덤 생각난다.
검정 치마, 흰 저고리, 옆가르마, 젊어 죽은 홍래 누이 생각도 난다.
오동꽃 우러르면 담장에 떠는 아슴한 대낮.
발등에 지는 더디고 느린 遠雷.

울안

탱자울에 스치는 새떼
기왓골에 마른 풀
놋대야의 진눈깨비
일찍 횃대에 오른 레그혼
이웃집 아이 불러들이는 소리
해 지기 전 불켠 울안

능선

산까치 들까치 나뭇가지 물고 날아드는 능선.
명절이면 새옷 입은 이웃들이 오내리던 나루터.

메밀밭 목화밭에 흔들리고
억새풀 속에 출렁이는
감빛 도포자락.

푸른 칼집에 어려오듯
여러 갈래 여러 갈래로
포개오는 발밑
능선.

기차를 타고 가노라면
차창으로
들어서는
上古의 얼굴.

空山

무덤 위에 무덤 사네, 첩첩 산중
달 있는 밤이면
곰방대 물고
무덤 속 드나들며
곰방대나 털고
머슴들은 여름에도
장작을 패고
무덤 속 드나들며
장작이나 지피고

무덤 위에 첩첩 무덤만 사네

공주에서

미나리 강
건너
우시장 마당
말목에
고리만
남아 있었다.
이른 제비떼
발밑으로
빠져
木橋를
오내리는
좁은 거리.
버들잎은
피어
길을
쓸고
그의 고향
문화원에서
剛彬은

시화전을
열고 있었다.

낮달

반쯤은 둔병에 묻힌
창포 실뿌리 눈물 지네
맨드라미 꽃판 총총 여물어
그늘만 길어가네
절구에 깻단을 털으시던
어머니 생시같이
오솔길에 낮달도 섰네

먼 곳

  수양버들가지 산모롱을 돌 때 아랫마을 어디선가 징 치는 소리 살구꽃 지다.
  수양버들가지 산모롱을 굽이 돌 때 墓 등에 조는 나무 비녀 풀각시 살구꽃 또 지다.

下棺

볏가리 하나하나 걷힌
논두렁
남은 발자국에
뒹구는
우렁껍질
수레바퀴로 끼는 살얼음
바닥에 지는 햇무리의
下棺
線上에서 운다
첫 기러기떼

古都

물가에 진 눈먼 혼령
불티 물고
패랭이 끈 물고
마른 번개 치던
나루터
동아리져 춤춘다
곤두박질 춤춘다
들가에 진 눈먼 혼령도
어두운 낮

낙차

꼬이고 꼬인 등나무 등걸

깨진 고령토 화분

삿갓머리 씌운 배추움

떠받친 빨랫줄

紙鳶 낚던 손

빛 바랜 숙근초

서릿발 내린 斜面

복판에 이마 부비며 피는 마을 사람들

저수지의 물안개

비탈에 지던 낙차

자화상 1

파초는 춥다
창호지 한 겹으로

왕골자리 두르고
三冬을 난다.

받쳐 올린 천장이
갈매빛 하늘만큼 하랴만

잔솔가지 사근사근
눈뜨는 밤이면

윗방에 앉아
거문고줄 고르다.

이마 마주 댄
희부연한 고샅길.

파초는 역시 춥다.
시렁 아래 소반머리.

창포

풀자리 빳빳한
여관집
문살의 모기장.

햇살을 나르는
아침 상 머리
열무김치.

대얏물에
고이는
오딧빛.

풀머리
뒷모습의
꽃창포.

댓진

양귀비
지우면 지울수록
할머니의 댓진 냄새
온통 취한 듯
꽃밭의 아우성
한 동네가 몰린다
버들꽃은
개울물에 지고
도둑떼처럼 몰린다

古月

유리병 속으로
파뿌리 내리듯
내리는
봄비.
고양이와
바라보며
몇 줄 시를 위해
젊은 날을 앓다가
하루는
돌 치켜들고
돌을 치켜들고
원고지 빈 칸에
갇혀버렸습니다
古月은

千의 山

댕댕이넝쿨, 가시덤불
헤치고 헤치면
그날 나막신
쌓여 들어 있네
나비잔등에 앉은 보릿고개
작두로도 못 자르는
먼 삼십 리
청솔가지 타고
아름 따던 고사리순
할머니 나막신도
포개 있네
빗물 고인 千의 山
겹겹이네

西山

상춧단
아욱단 씻는

개구리 울음 5리 안팎에

보릿짚
호밀짚 씹는

日落 西山에 개구리 울음

취락

감나무 밑 풋보리
이삭이 비치는 물
병 점심 광주리
밭 매러 간 고무
신 둘레를 다지는
쑥국새 잦은 목
반지름에 돋는 물
집 썩은 뿌리 뒤
지면 흩내리는 흰
개미의 聚落 달팽
이 꽁무니에 팽
팽한 낮 이슬

제3부
겨울 산

귀울림

호박잎
하눌타리 자락
짓이기고
황소떼 몰린
물구나무선
洞口

(아삼한 哭聲)

아, 추수도 끝난
가을 한 철
저물녘
논배미
물꼬에 뜬
우렁껍질의
귀울림

별리

노을 속에 손을 들고 있었다, 도라짓빛.

──그리고 아무 말도 없었다.

손끝에 방울새는 울고 있었다.

微吟

콩나물이나 키우라
콩나물이나 키우라

콩나물 시루에 물이나 주라
콩나물 시루에 물이나 주라

속이 빈 골파
속이 빈 골파

겨울밤에는 덧문을 걸고
겨울밤에는 문풍지를 세우고

샘터

샘 바닥에
걸린 하현

얼음을 뜨네
살얼음 속에

동동 비치는 두부며
콩나물

삼십 원 어치 아침
동전 몇 닢의 출범

―― 지느러미의 무게

구숫한 하루
아깃한 하루

쪽박으로
뜨네

반 잔
―― 故 滋雲 형에게

이제 만나질 시간 없으니
어찌 헤어질 장소인들 있으랴.
십오 년, 우정의
고리, 오히려 짧고나.
만나면 어깨부터 툭 치던
손.
마실수록 아쉬워하던 석별의
잔,
우리들의 예절은 어디로 갔느냐.
종로에서 찾으랴.
청진동에서 찾으랴.
남대문 근처에서 찾으랴.
오가는 발자국 그 옛자리,
설레는 눈발 그 옛자리,
오늘은 널 위해 슬픈 잔을
던지누나.
(반 잔만 비운 나머지 ……)
쨍그렁 울리는 저승바다.

시락죽

바닥 난 통파

움 속의 降雪

꼭두새벽부터

강설을 쓸고

동짓날

시락죽이나

끓이며

휘젓고 있을

귀뿌리 가린

후살이의

木手巾

遮日

짓광목 차일
설핏한 햇살

사, 오백 평 추녀 끝 잇던
人內 장터의 바람

멍석깃에 말리고
도르르 장닭 꼬리에
말리고

산 그림자 기대
앉은 사람들

황소뿔 비낀 놀

불도둑

하늘가에
내리는
황소떼를 보다

흐르는 흐르는
피보라의
눈물을 보다

불도둑
흉벽에
울리는 채찍

—— 산 자의 권리는 너무 많구나

軟柿

여름 한낮

비름잎에

꽂힌 땡볕이

이웃 마을

돌담 위

軟柿로 익다

한쪽 볼

서리에 묻고

깊은 잠 자다

눈 오는 어느 날

깨어나

제상 아래

심지 머금은

종발로 빛나다

鐃鈴

보리 깜부기

점점이

익는

갈기머리

늙은

등성

까치집 하나,

아스라히 둘

우러러

흰 수염이

불어예는

풀피리 끝

幻이

풀리는 쌍무지개

솟구치는 상모 상모 잿불 꼬리 감기는 열두 발 상모

가난이 푸르게

눈자위마다

밀리는

상두꾼 요령

나부끼네

검불연기
고즈넉이
감도는
금강
상류의
갈밭
노낙 각시
속거 천리
외치며 외치며
모기떼 달라
붙는 양 나부끼네
귀소
서두는 제비들
뱃전을
치고
노낙 각시
속거 천리

할매

손톱 발톱
하나만
깎고
연지 곤지
하나만
찍고
할매
안개 같은
울 할매
보리 잠자리
밀 잠자리 날개
옷 입고
풀줄기에
말려
늪가에
앉은
꽃의
그림자
같은 메꽃

자화상 2

한 오라기 지풀일레

아이들이 놀다 간
모래성
무덤을
쓰을고 쓰는
강둑의 버들꽃
버들꽃 사이
누비는
햇제비
입에 문
한 오라기 지풀일레

새알,
흙으로
빚은 경단에
묻은 지풀일레

창을 내린

하행 열차
곳간에 실린

한 마리 눈〔雪〕 속 양일레

꽃물

수수밭
수수밭 사이로
기우는
고향
가까운
산자락
보랏재
내는
사람들
귀향열차
뒤칸에
매달린
노을,
맨드라미 꽃물

소나기

누웠는 사람보다 앉았는 사람 앉았는 사람보다 섰는 사람 섰는 사람보다 걷는 사람 혼자 걷는 사람보다 송아지 두, 세 마리 앞세우고 소나기에 쫓기는 사람

탁배기

무슨 꽃으로 두드리면 솟아나리.
무슨 꽃으로 두드리면 솟아나리.

굴렁쇠 아이들의 달.
자치기 아이들의 달.
땅뺏기 아이들의 달.
공깃돌 아이들의 달.
개똥벌레 아이들의 달.
갈래머리 아이들의 달.
달아, 달아
어느덧
半白이 된 달아.
수염이 까슬한 달아.
탁배기 속 달아.

雨中行

비가 오고 있다.
안개 속에서
가고 있다.
비, 안개, 하루살이가
뒤범벅되어
이내가 되어
덫이 되어

(며칠째)
내 목양말은
젖고 있다.

솔개 그림자

환한 거울 속에도
아침 상에도
얼굴은 없다
노오란 칸나
꽃 너머
저 불붙는 보랏빛
엉겅퀴, 꽃
너머
내 얼굴은
일상의
얼굴 밖에서
바람 부는 자리
솔개 그림자로
들판에 너울거린다

점묘

싸리울 밖 지는 해가 올올이 풀리고 있었다.
보리 바심 끝마당
허드레꾼이 모여
허드렛불을 지르고 있었다.
푸슷푸슷 튀는 연기 속에
지는 해가 이중으로 풀리고 있었다.
허드레,
허드레로 우는 뻐꾸기 소리
징 소리
도리깨 꼭지에 지는 해가 또 하나 올올이 풀리고 있었다.

경주 민들레

눈 오는 날에는 빈 서랍을 털자.
서랍 속에 시든 민들머리 풀대궁
마른 대궁 비비면
프르름히 살아
천 년의 맥이
살아
경주 교외의 가을 민들레
시인의 얼굴.

눈 오는 날에는 빈 서랍의 먼지를 털자.

해바라기 斷章

해바라기 꽃판을

응시한다.

삼베올로

삼베올로 꽃판에

잡히는 허망의

물집을 응시한다.

한 잔

白酒에

무우오라기를

씹으며

세계의 끝까지

보일 듯한 날.

弦

춤을 출거나
콩깍지
조르르 콩알
어디 갔을까.
장길 실개울에
빠졌다.
두붓집 간수에
빠져버렸다.
끝없는 추석 하늘
그을은 一角
거미줄에 걸린 弦

춤을 출거나.

겨울 산

나는 소금
좌판 위 주발이다
장날 폭설이다
지게 목발이다
헤쳐도 헤쳐도
산, 고드름의
저문 산
새발 심지의
등잔

동화 혹은 자기 소멸

송재영

1

　시인 박용래, 그를 개인적으로 대할 때나 또 그의 작품을 직접 읽을 때, 나는 불쑥 시인이란 대체 무엇이며 그리고 시란 무엇인가라는 지극히 소박하면서도 실에 있어서는 아주 중요한 자문(自問)을 던져본 적이 한두 번이 아니다. 아직도 나는 여기에 대해 스스로 만족할 만한 자답(自答)을 발견하지 못했고 앞으로도 그것은 불가능하리라 생각된다. 그러면서도 지금 이러한 자문을 다시 꺼낸 것은 어떤 명확한 해답을 시도하려는 것이 아니고, 사실은 어째서 시인 박용래와 그의 시가 나에게(독자에게) 이런 의문을 던져주는가 하는 점을 해명하려는 데 있는 것이다.
　그는 시단(詩壇) 데뷔 20년, 이제 50대에 접어든 시인이다. 이 20년 동안 그는 불과 백여 편의 작품밖에 쓰지 않은 과작(寡作)의 시인이다. 그리고 그 동안 단 한 권의 시집 『싸락눈』(1969년)을 펴냈는데, 그것도 〈어느 고마운 분의

뜻)에 의하여 된 것이다. 오늘날 시단 데뷔 불과 기수년 만에도 과대한 제작비를 들인 자비 출판의 호화 양장본 시집을 마구 뿌리는 시인이 적지 않음을 생각할 때, 박용래의 시인적인 결벽성은 거의 존경에 값할 만한 것이다. 그러면서도, 다시 말하자면 외형적인 활동이 결코 화려하지 못하지만, 그러나 박용래에게 시인이라는 칭호를 부여할 수밖에 없는 것은 그가 누구보다도 시만을 위해 살아왔고 또 앞으로도 시만을 위해 살아가리라는 확신을 나로서는 저버릴 수 없기 때문이다. 사실 그는 개인적인 삶을 희생하면서까지 시에 공헌하고 있는 사람이다. 이것이 바로 나로 하여금 시인이란 무엇인가 하는 자문을 유발시키는 하나의 중요한 모티프가 되는 셈이다. 또 한편 우리는 박용래를 이야기하는 데 일관된 그의 시세계를 들지 않을 수 없다. 현대적 도시 문화를 외면하고 오로지 향토적인 정서를 가꾸고 지키는 데 전념하는 그의 시가 오늘날 차지하는 의의는 무엇인가. 급격히 변화하는 사회 현실 앞에서 외부적인 삶의 양식이 어떻게 변천하든, 또는 인간의 근원적인 고통이 그 속에서 어떻게 가중되든 일절 아랑곳하지 않는 그의 시가 대체 어떠한 감동을 줄 수 있단 말인가. 평생 자기의 고향을 떠나지 않았던 프랑시스 잠, 우리의 연상은 자연히 여기에 도달한다. 전원시 또는 향토시가 현대의 매머드 문명과 어떻게 대비되어 그 고유한 가치를 유지할 수 있을지, 아니면 이 숨가쁜 호흡 속에서 소멸되고 말지, 진정 이것이 또한 문제이다. 그러므로 이러한 시대에 있어서 박용래의 시를 놓고, 대체 시란 무엇인가라는 자문을 금할 수 없는 것인지도 모른다.

2

 6·25전쟁과 함께 시작된 1950년대는 다의적인 면에서 격동기였다고 설명될 수 있을 것이며, 그 영향은 한국 시단에까지 거세게 불어오고 있었다. 많은 젊은 시인들이 전쟁에 직접 참가했거나 이를 목격하여 적어도 역사의 증인으로서 자부할 수 있는 긍지를 은연중 느끼고 있었고, 그런가 하면 전쟁의 회오리 속에서도 서구 문예의 사조는 도도히 흘러들어오고 있었다. 그리하여 전쟁시, 참여시가 격앙된 목소리로 읊조려졌는가 하면, 쉬르류(流), 모더니즘류, 또는 서구 전위예술의 모방인 여러 형태의 실험시가 성행하고 있었던 것이다.
 이러한 시대에, 즉 1955년 박용래는 《현대문학》에 「가을의 노래」로 추천을 받기 시작하여 이듬해 「황톳길」, 「땅」 등으로 3회 추천을 완료한다. 여기서 문학적 배경과 시인의 전기적 사실을 약술한 것은 다름이 아니라, 이와 같은 시대에도 박용래는 그 출발점부터 역사적 격동이나 시류와 관계없이 시를 쓰고 있었다는 점을 강조하기 위해서다.

> 깊은 밤 풀벌레 소리와 나뿐이로다
> 시냇물은 흘러서 바다로 간다
> 어두움을 저어 시냇물처럼 저렇게 떨며
>
> 흐느끼는 풀벌레 소리 ……
> 쓸쓸한 마음을 몰고 간다
> ——「가을의 노래」에서

이것은 근대 낭만파 시인들의 애상적인 서정을 그대로 답습하고 있는 느낌을 준다. 과장도 없고 숨김도 없는 시인 자신의 페이소스를 고운 언어로 빚어놓은 작품이다. 이런 서정적 세계는 그의 초기 작품에서 당분간 변화 없이 지속된다. 자신을 둘러싸고 있는 상황 속에서 스스로 감당할 수 없는 슬픔과 고독, 애틋한 욕망과 비교적(秘敎的)인 두려움, 이런 것 때문에 박용래는 시를 쓰고 있었던 것 같다. 〈나 하나/나 하나뿐 생각했을 때/멀리 끝까지 달려갔다 무너져 돌아온다〉(「땅」에서). 여기서 보다시피 그는 고독으로부터의 탈출을 기도하고 있었고, 고독으로부터의 탈출은 곧 자기 자신으로부터의 도피이기도 했던 것이다. 그러나 그의 완전한 도피를 가로막고 있는 것은 또 하나의 다른 상황, 즉 황혼이 밀려오고 은하(銀河)가 나타난다는 시간의 차단, 바로 그것이 아닌가. 그래서 그는 〈우러러 항시 나는 엎드려 우는 건가〉라는 절망에 빠지는데, 그러나 한편으로 이 절망은 다른 위치에서 볼 때 〈아득히 어긋남을 이어오는 고요한 사랑〉이기도 한 것이다.

사실 외부 상황을 수용하기란 박용래에게는 너무나 벅찼을지도 모른다. 아니, 항시 주체할 수 없이 충만되어 오는 서정만을 수용하기에도 그는 벅찼을지 모른다. 그가 이 모든 것으로부터 도피하여 서정의 세계마저 간접적으로 유보할 수밖에 없었다는 것이 이것을 증명한다. 그렇다면 자기로부터의 도피는 어떻게 이루어졌는가? 그것은 시를 통한 시로부터의 도피에 불과했던 것이다. 더 구체적으로 적는다면, 스스로 감당할 수 없는 이 〈자아〉라는 감정의 정체를 박용래는 숫제 시에서 지워버리고 만 것이다. 그것은 다시 말하자면 조용한 자기 소멸이기도 하다. 이리하여 그의 시에서 차츰, 그러다가는 마침내 전면적으로 시인 자신의 모습, 즉 〈나〉는 사라지고, 뿐더러 모든 대명사도 사라지고 대신 〈할매〉나 〈어머니〉가 들어앉는다.

박용래가 오직 소묘법만을 즐겨 다루기 시작한 것은 바로 위와 같은 사정에서 연유한 필연적인 귀결이다. 그는 대개 10행 내외의 단시(短詩)를 통해 직접적인 술회를 회피하고 단지 서경(敍景)의 미세한 소묘만을 그림으로써 유년 시기의 회상, 한국 농촌의 시정적(詩情的) 분위기, 그리고 애틋한 정한(情恨)의 토로를 솔직하면서도 그러나 상당한 기교성을 띤 비유법으로 간곡하게 노래하고 있다. 시어에 무척 과민한 듯 보이는 그는 최대한도로 언어를 절제하여 한 마디의 군소리도 첨가하지 않는데, 이러한 시의 압축미는 그의 시의 최대 특징이기도 하다. 심지어 그는 시행과 시행 사이에서의 최소한도의 동사적 연결마저도 생략하고 한 편의 시를 단구(短句)의 배열로 구성하기도 한다. 가령, 「낙차」, 「울안」, 그리고 현대시학사 제정 작품상 수상 작품인 「저녁 눈」이 다 그러한 예에 속하는 작품들이라 할 수 있다. 또한 그는 지나치게 시형식을 간략하게 압축함으로써 때로는 시적 감동을 도중에서 차단하는 듯한 인상마저 주는데(예컨대 「고향」이 그렇지 않을까), 이것은 그의 소묘적 단시가 부딪히고 있는 한계를 의미하기도 한다.

이미 앞서 잠깐 비쳤듯이 우리는 박용래의 시를 몇 개의 카테고리, 또는 시적 진화로 구별해서 생각해 볼 수 있을 것이다. 시에 대한 이러한 사고법이, 그리고 그것의 기술법이 그의 시에 접근하려는 독자에게 어느 정도나 유익할지는 모르겠으나 최소한도 반드시 무익한 작업만은 아니리라.

첫째, 초기서부터 근래에 이르기까지 박용래의 시에서

흔히 간취(看取)되는 것은 유년기의 회상이 끝없이 전개되고 있다는 점이다. 고추잠자리를 보면서 어릴 때 그 고추잠자리를 잡으려고 쫓아다니다가 안공(眼孔)에 익힌 하늘을 회상하고 있는 「고추잠자리」를 비롯하여 「옛사람들」, 「손거울」, 「담장」 등의 시에서 박용래의 유년기의 회상은 한결같이 반복(反覆)되며, 이러한 경향은 최근에 발표된 「탁배기」에까지 계속되고 있다.

무슨 꽃으로 두드리면 솟아나리.
무슨 꽃으로 두드리면 솟아나리.

굴렁쇠 아이들의 달.
자치기 아이들의 달.
땅뺏기 아이들의 달.
공깃돌 아이들의 달.
개똥벌레 아이들의 달.
갈래머리 아이들의 달.
달아, 달아
어느덧
半白이 된 달아.
수염이 까슬한 달아.
탁배기 속 달아.

――「탁배기」 전문

덧없는 세월의 흐름 속에 묻혀버리고 또한 잊혀진 어린 시절의 자화상, 시인은 이 버릴 수 없는 자기의 분신을 탁배기 속을 기웃거리며 찾아 헤매고 있다. 굴렁쇠, 자치기, 땅뺏기 등 놀이를 하고 있는 소년들의 모습이 시인 자신의 모습과 함께 탁배기 속에 중복된다. 그러나 그것은 물속에 비친 달과 같은 것. 비록 그것이 시인의 모습으로 환원된다 하더라도 이제는 〈半白이 된〉 또 〈수염이 까슬한〉 중년 남자일 뿐이다. 그러니 그로서는 이제 〈아이들의 달〉을 솟아나게 한다는 일은 도저히 불가능하다는 조용한 탄식만이 흘러나올 수밖에. 말하자면 「탁배기」는 시인의 자화상이라고 할 수 있는 작품이다.

그러나 한 걸음 더 나아가서 엄격하게 생각할 때 「탁배기」를 반드시 자화상이라고 할 수 있을까? 자기 자신의 감회를 토로하면서도 1인칭 주어 〈나〉가 동원되지 않았다고 해서 하는 말은 아니다. 그보다는 누구든지 나이를 먹어가면 「탁배기」와 비슷한 체험을 맛보리라는 점에서 차라리 이 작품은 잊어버린 시간을 그리워하는 인간의 보편적 노스탤지어를 노래한 것이라 보아야 할 것이다. 그리고 이 작품은 상징적인 연상을 자연스럽게 전개함으로써 독자에게 충만된 감동을 주는 시적 기교와 힘을 동시에 보여주고 있음을 부언적으로 강조해야 될 것으로 믿는다.

두번째로 박용래의 시가 두드러지게 보여주고 있는 것은 한국의 농촌적·전원적인 풍경 묘사다. 대체로 이 계열에 속하는 작품들로서 우리는 「샘터」, 「시락죽」, 「차일(遮日)」, 「연시(軟柿)」, 「취락(聚落)」 등을 들 수 있을 것이다. 그러나 이런 풍경 묘사는 단순한 스케치에 그치지 않고 때로는 농촌의 생활 실상의 한 단면을 보여주기도 한다. 가령, 〈샘 바닥에/걸린 하현//얼음을 뜨네/살얼음 속에//동동 비치는 두부며/콩나물//삼십 원 어치 아침/동전 몇 닢의 출범〉(「샘터」)에서와 같이 상당히 생활에 밀착돼 있기도 하며, 또는 〈강설을 쓸고/동짓날/시락죽이나/끓이며/휘젓고 있을/귀뿌리 가린/후살이의//木手巾〉(「시락죽」)과 같이 어느 농촌 여인의 고달픈 일상을 비춰주기도 하는 것이다.

    여름 한낮
    비름잎에
    꽂힌 땡볕이
    이웃 마을
    돌담 위
    軟枾로 익다
    한쪽 볼
    서리에 묻고
    깊은 잠 자다
    눈 오는 어느 날
    깨어나
    제상 아래
    심지 머금은
    종발로 빛나다
                         ——「軟枾」 전문

  하나의 과일(감)이 땡볕을 받아 붉어지고 서리에 묻혀 익어서는 눈 오는 어느 날 밤 제상에 오르게 된다는 이 발상은 완전히 한국인만의 정서이며, 그것도 지극히 향토적인 정서에 속하는 것이다. 그러면서도 이런 정서는 많은 도시인에게는 거의 메마른 공동으로 화해 버렸으며, 그리하여 시인의 민감한 촉수가 다시 그것을 유발시키기 전에는 영원히 사라질 것일지도 모른다. 바로 이 점에서 박용래 시의

강렬한 개성이 그 의의를 얻을 수 있으리라. 사실 그는 도시적 감각이 담긴 시라고는 단 한 편도 쓴 일이 없는 현대 문명의 이단자답게 그의 고집을 여전히 밀고 나가고 있다. 그의 주관심은 모든 자연 현상을 원초적 상태로 환원시키는 것이며, 거기서 발붙여 살아온 토착인들의 세계를 순수하게 표백하는 데 있는 듯하다. 그는 한국적 향토미를 시적 발상의 원형으로 삼고, 거기에 자기 시세계를 철저히 제한시키며, 마침내 스스로 동화되고자 갈구하고 있다. 역설적이지만 그렇게 함으로써 그는 현대의 거인적 물량 세계로부터 자신을 구원받고 있을지도 모른다. 그의 천부적으로 타고난 문명에의 비적응성은 회복할 수 없는 그의 현실적인 비극이며, 그러나 반면 그것은 향토시인으로서의 소중한 기질이기도 하다.

한편 우리는 박용래를 향토시인이라고 명명하기에만 급급해서 그의 다른 중요한 일면을 이 자리에서 간과해서는 안 되리라 믿는다. 그 중요한 일면이란 다름 아니고 자연에 대한 그의 깊은 애정과 경외심, 그리고 냉혹한 관찰력을 말하는 것이다. 사실 그는 하나의 미립적(微立的) 자연 현상마저도 범연히 보아넘기지 않는 날카로움을 가끔 보여주고 있는데, 이것은 거의 비의(秘儀)를 해독할 수 있는 지혜와도 같아 보인다.

볏가리 하나하나 걷힌
논두렁
남은 발자국에
뒹구는
우렁껍질

수레바퀴로 끼는 살얼음
　　　바닥에 지는 햇무리의
　　　下棺
　　　線上에서 운다
　　　첫 기러기떼
　　　　　　　　　　——「下棺」 전문

　이 시의 직접적인 대상은 우렁껍질이다. 논바닥에 버려진 우렁의 잔해, 그것이 시인의 프리즘적 시선에 비친 것이다. 추수가 끝난 뒤 논바닥에, 그것도 농부의 발자국에 파묻혀 뒹구는 우렁. 속은 누가 빼갔더란 말인가? 이윽고 첫추위는 닥쳐오고 우렁 속에 살얼음이 끼는데 바닥에는 햇무리가 진다. 그 위로 기러기떼는 왜 날아왔던가? 우렁 속이라도 파먹으러 왔더란 말인가? 그러나 우렁은 살얼음에 끼여 이미 하관(下棺)되어 있다. 이런 작품 해설은 필요 없는 사족(蛇足)일지도 모르겠다. 그러나 자연 현상의 하나로 사라져가는 우렁의 모습을 이런 고도의 은유로 상징할 수 있다는 것은 시인 자신이 미세한 사물에서도 생명의 생성과 소멸을 읽을 수 있음을 나타내 주는 것이다. 「하관」은 박용래 시 중에서 단연 백미에 속하는 작품이다.
　이러한 덧없는 목숨의 사라짐에 대한 시인의 서러움은 비생물체까지도 옮겨간다.

　1) 모 스러진 돌절구 바닥에도 고여 넘치는 이 비천함이여
　　　　　　　——「그 봄비」 중에서

　2) 어쩌다 물속에 태어나 한 치 풀꽃으로 자라 머리올처

럼 가는 물거품에 뜨다.

——「水中花」중에서

 우리는 1)에서 폐쇄적인 운명의 탄식, 2)에서는 자연의 신비성, 즉 그 왜소성 속에 숨어 있는 생명에 대한 경외감 따위를 읽을 수 있다. 1)에서 볼 수 있는 〈돌절구 바닥에도 고여 넘치는〉 비가 「하관」에서 보이는 〈바닥에 지는 햇무리의 下棺〉과 같은 이미지를 이루고 있다. 그리고 2)는 비록 그것이 비생물은 아닐지라도 지극히 왜소한 풀꽃에 이르기까지 시인의 감성적 반응이 어떻게 미치고 있는가를 알 수 있는 것이다.

 마지막으로 우리는 향토에 깃들인 정한(情恨)의 세계를 박용래 시에서 빠뜨릴 수 없을 것 같다. 따지고 보면 이 나라의 산천은 역사적으로 한에 얽힌 산하일지도 모른다. 그러나 박용래가 노래하는 한은 역사적 현실의 부산물로 빚어진 어떤 비극적인 인과관계가 아니라 가난하고 서럽게 살다가 죽어간 우리 조상과 이웃들의 넋, 바로 그것일 뿐이다. 〈가난이 푸르게/눈자위마다/밀리는/상두꾼 요령〉(「鐃鈴」)이라는 구절은 바로 이러한 한국의 농촌적 정한을 노래하고 있는 것이다.

  댕댕이넝쿨, 가시덤불
  헤치고 헤치면
  그날 나막신
  쌓여 들어 있네
  나비잔등에 앉은 보릿고개
  작두로도 못 자르는

먼 삼십 리
청솔가지 타고
아픔 따던 고사리순
할머니 나막신도
포개 있네
빗물 고인 千의 山
겹겹이네

——「千의 山」전문

　이 작품에서 극명하게 보이는 것은 산은 바로 한의 고향이라는 점이다. 사실 우리는 고개만 들어보면 금세 산과 마주친다. 그러나 무엇보다도 한국인에게 산은 마지막으로 돌아가는 곳, 한스러운 몸뚱어리를 눕히는 무덤이다. 과연「천의 산」속을 헤쳐보면 보릿고개 넘기고 살다 간〈할머니의 나막신이〉포개져 있을지도 모른다. 특히 이 작품에서〈보릿고개〉라는 시어가 의미하는 농촌 사회의 현실성은 강력한 톤으로 울리고 있다.
　아직 결정적으로 이야기할 수는 없겠으나 박용래는 근래에 와서 시적 변모를 시도하는 것같이도 보인다. 이를테면「해바라기의 단장(斷章)」에서 보여주는 동양적 니힐과 달관은 아마도 이 시인의 연륜이 쌓아올린 정신적 체험의 집적이 아니겠는가?〈삼베올로 꽃판에/잡히는 허망의/물집을 응시한다/한 잔/白酒에/무우오라기를/씹으며/세계의/끝까지 보일 듯한 날〉(「해바라기 단장」). 특히 이 작품의 마지막 몇 행은 도연명(陶淵明)의〈인호상이자작 면정가이이안(引壺觴以自酌 眄庭柯以怡顔)〉이라는 「귀거래사(歸去來辭)」의 구절을 우리들에게 연상시킴으로써 그가 근본적으로 동양적 기질의 시인임을 재확인해 주고 있는 것이다.

3

보는 사람에 따라서는 박용래의 시작(詩作) 태도에 대하여 많은 의문을 던지고 비난을 쏟을지도 모른다. 대체 오늘날, 이 부조리의 세계에 살면서 감상적인 서정과 현실 도피적인 토속적 취향으로 내닫기만 하면 되겠는가. 시인은 상황을 외면하고 오직 자신의 안일한 상아탑에서 안주할 수 있단 말인가. 이를테면 이러한 의문과 비난을 받을 소지가 그에게는 충분히 있다.
그러나 명백한 것은 우리는 시인에게 그 아무것도 강요할 수 없다는 점이다. 시인은 스스로 상상력에 있어서 자유인이요 이미지의 창조자일 뿐, 한낱 구호적 제창(提唱)에 말려들어서는 안 된다.
지나치게 서구동화적인 우리 시문학에서 우리는 한국의 전통적인 정서마저 엷어지고 있음을 부인할 수 없다. 이러한 마당에 우리는 한 향토시인이 그가 살고 있는 시대를 현실적으로 외면하고 있기는 하나 자연과 사물에 대한 깊은 통찰력을 통해 어쩌면 영원히 잊혀질지도 모를 한국적 정한과 모랄을 아름다운 언어로 가다듬고 있음을 소중하게 생각하는 바다. 시인 박용래의 20년간의 정신적 유산은 현재로서는 이렇게 그 전모를 드러내고 있다. 그러나 앞으로 그가 어떠한 변모를 할지는 아무도 자신할 수 없다. 단 한 가지 ──그가 타고난 지금의 체질이 바뀌리라고는 도저히 상상될 수 없으며, 또 우리로서는 그것을 바라지도 않는다. 그가 공연히 세련된 몸짓을 부리려고 노력한다면, 단언컨대 그의 시는 실패하리라. 단지 그의 동양적 사유와 섬세한 시적 감수성이 보다 더 치열한 문학성을 어떻게 획득할 수 있을 것인가 하는 것만이 우리들에게 남은 앞으로의 주목거리가 될 것이다. (문학평론가/충남대 교수)

연보

1925년 강경에서 출생.
1943년 강경상업학교 졸업.
1944년 조선은행 입행.
1946년 조선은행 사퇴.
 대전에서 정훈(丁薰), 박희선(朴喜宣) 들과 《동백시회(桐柏詩會)》를 만들어 제10집까지 발간.
1955년 《현대문학》에「가을의 노래」로 첫 추천(박두진 씨)을 받고 이어 1956년 같은 잡지에「황톳길」,「땅」의 3회 추천으로 문단에 오르다.
1961년 충청남도 문화상(제5회)을 받다.
1969년 한국시인협회의 도움으로 제1시집『싸락눈』출간. 같은 해 시편「저녁눈」으로 현대시학사 제정 작품상(제1회)을 받다.
1970년 6인 시선『청와집(青蛙集)』을 발간.
1981년 사망.

오늘의 시인총서 7
강아지풀

1판 1쇄 펴냄 1975년 6월 1일
1판 2쇄 펴냄 1981년 11월 30일
2판 1쇄 펴냄 1995년 11월 20일
2판 4쇄 펴냄 2012년 2월 15일

지은이 박용래
편집인 장은수
발행인 박근섭, 박상준
펴낸곳 (주)민음사

출판등록 1966. 5. 19. 제16-490호
(135-887) 서울 강남구 신사동 506 강남출판문화센터 5층
대표전화 515-2000 팩시밀리 515-2007

ⓒ 박용래, 1975, 1995. Printed in Seoul, Korea

ISBN 978-89-374-0607-2 04810
ISBN 978-89-374-0600-3 (세트)